Erika Bock

Wir basteln Laternen

CHRISTOPHORUS
BRUNNEN-REIHE

Inhalt

Leuchtende Laternen

Das Fest zu Ehren des Sankt Martin am 11. November gehört traditionell zu den beliebtesten des Jahres. Am Martinstag erfreuen sich Groß und Klein an selbst gebastelten Laternen, um damit beim Umzug die Straßen zu erhellen. Der Spaß beginnt jedoch schon vorher beim Basteln der Laterne. Sucht euch eure Lieblingslaterne aus! Die Auswahl ist groß: Es gibt viele lustige Motive in verschiedenen Techniken, z. B. Stempeldruck, Kleisterpapier, Servietten-Technik, Window-Color und natürlich finden auch die aktuellen Trendpapiere Verwendung.

Lasst euch den Weg doch mal von einer Fledermaus erleuchten oder nehmt den zahmen Tiger mit auf einen kleinen Ausflug. Wie wäre es mit dem scheuen Teddy, der vorsichtig hinter seiner Wolke hervorschaut? Sicher findet jeder schnell sein Lieblingsmotiv.

Ich wünsche euch und euren Eltern viel Spaß beim Nacharbeiten der Laternen und einen unvergesslichen Martinsumzug.

Erika Bock

Hinweise & Tipps

In diesem Buch werden folgende Laternentypen vorgestellt: Laternen mit zwei Motivseiten und eingeklebtem Mittelteil, Rundlaternen mit einer Käseschachtel als Grundelement, Kastenlaternen mit rechteckigem Grundriss, Stecklaternen (Laternenzuschnitte aus dem Hobbyfachhandel) und Ballonlaternen.

Vorlagen auf Fotokarton und Wellpappe übertragen

Auf den eingehefteten Vorlagebogen finden Sie Vorlagen zu Motiv- und Kastenlaternen. Kohlepapier zwischen Vorlagebogen und Fotokarton legen und das Motiv direkt durchpausen. Bei Wellpappe das Motiv auf die glatte Rückseite übertragen.

Schablonen herstellen

Bei Motiven, die mehrfach gearbeitet werden, empfiehlt sich die Herstellung einer Schablone. Architekten- bzw. dünnes Offsetpapier auf die Vorlage legen und das Motiv nachzeichnen. Das Papier mit Klebestift auf dünnen Karton kleben und ausschneiden. Die entstandene Schablone auf das Werkmaterial legen und die Umrisse mit Bleistift nachzeichnen.

Hinterkleben der Ausschnitte bei Motivlaternen

Die Motivseite auf das ausgewählte Transparentpapier legen und die Umrisse des Ausschnitts, der hinterklebt werden soll, mit Bleistift leicht anzeichnen. Die Form etwa 1 cm größer ausschneiden und auf die Innenseite des Motivs kleben.

Mittelteile bei Motivlaternen anfertigen

Bei Motivlaternen sind die Maße der Mittelteile im Text jeweils angegeben. An beiden Längsseiten des Fotokartonstreifens einen 10 mm breiten Kleberand einzeichnen. Die Linien mit einem Falzbein oder der geschlossenen Scherenspitze am Lineal entlang nachfahren: So wird der Karton leicht angeritzt und lässt sich besser falten. Die Klebefalze spitz zuschneiden und umfalten.

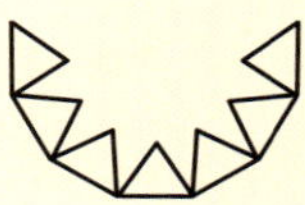

Mittelteile einkleben

Die Rundungen des Mittelteils abschnittweise aufkleben, d. h. nicht die ganze Form auf einmal. Tipp: Das Mittelteil durch Ziehen über die Tischkante vorformen. Das Mittelteil an den Klebefalzen auf das erste Seitenteil kleben.
Das zweite Seitenteil so auf die Arbeitsfläche legen, dass die Motivaußenseite nach unten zeigt. Die Falze des Mittelteils mit Klebstoff bestreichen und von oben auf das zweite Seitenteil kleben. Klebefalze innen gut andrücken.

Aufhängung

Bei den meisten Laternen wird das Mittelteil gelocht und der Drahtbügel eingehängt. Manche Laternen haben einen Aufhängesteg. Er stabilisiert die Laterne zusätzlich. Dazu einen 4 cm breiten Streifen aus Fotokarton zuschneiden. Die Länge ergibt sich aus der Breite des Mittelteils bzw. dem Abstand zwischen den Innenwänden des Mittelteils (je nachdem, wo der Steg befestigt wird) zuzüglich 3 cm für die beiden Klebefalze. Den Streifen der Länge nach falzen, falten und zusammenkleben, so dass sich ein 2 cm breiter Steg ergibt. Die Klebefalze an den Enden abknicken. Mit einem Bürolocher zwei Löcher stanzen. Den Steg einkleben, eventuell mit Wäscheklammern fixieren, bis der Klebstoff trocken ist. Draht (ca. 0,7 mm Durchmesser) durch die Löcher ziehen und an den Enden mit einer Kombizange umbiegen.

Beleuchtung

Akkubetriebene Laternenstäbe sind am sichersten. Für Kerzen am Laternenboden eine handelsübliche Halterung aus Metall anbringen. Bitte darauf achten, dass die Kerze nicht direkt unter dem Aufhängesteg steht.

Werkzeuge und Hilfsmittel

Bleistift, Kohlepapier, Architektenpapier, dünnen Karton für Schablonen, große Schere, Zierrandschere, Cutter und Unterlage, für Kinder eine abgerundete Bastelschere, Bürolocher oder Lochzange, Falzbein, Lineal, Kombizange, Klebstoff, z. B. UHU Alleskleber Kraft, Wäscheklammern zum Fixieren von Klebestellen, Klebefilm.

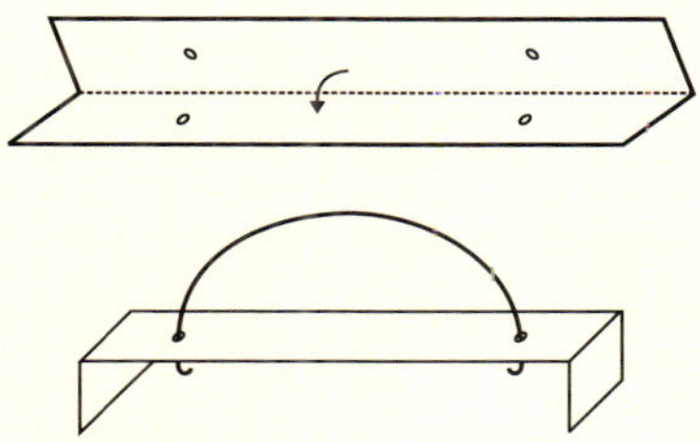

Kürbis

Material

- 2 Luftballons
- Transparentpapier in Gelb, Orange
- Gruselkarton „Gespenster"
- Regenbogen-Tonpapier
- angerührter Kleister (etwa ein Marmeladenglas voll)
- Borstenpinsel
- Filzstift in Schwarz
- Drahtbügel

Vorlage A

1 Einen Luftballon aufpusten und am Hals verknoten.

2 Das orangefarbene Transparentpapier in 4 x 4 cm große Schnipsel reißen.

3 Die Schnipsel mit Kleister in mehreren Schichten auf den Ballon kleben. Eine etwa 4 cm breite Fläche rund um den Halsknoten bleibt frei. Den Ballon vollkommen trocknen lassen.

4 Den Ballon vorsichtig am Knoten einschneiden, damit die Luft entweichen kann. Reste des Ballons entfernen und die Öffnung mit der Schere größer schneiden.

5 Das Gesicht mit Bleistift vorzeichnen und mit einer spitzen Schere ausschneiden.

6 Aus dem gelben Transparentpapier Schnipsel reißen, in Kleister tauchen und in mehreren Schichten hinter die Ausschnitte von Augen, Nase und Mund kleben. Eventuell einen weiteren Ballon in der Laterne aufpusten, damit die gelben Papierschnipsel fest aufgedrückt und etwas gewölbt werden. Trocknen lassen und den Ballon entfernen.

7 Raupen nach der Vorlage anfertigen und aufkleben. Löcher für den Drahtbügel stanzen und den Bügel einhängen.

8 Für den Hut einen Streifen von 52 x 10 cm und eine Krempe (Vorlage) aus Gruselkarton schneiden. An einer Längsseite des Streifens einen 1 cm breiten Kleberand einzeichnen und die Linie mit der Schere am Lineal entlang nachfahren. So wird der Karton etwas angeritzt und lässt sich leichter falten. 1 cm breite Klebefalze einschneiden und abknicken. Den Streifen wie eine Röhre formen, durch die Öffnung der Hutkrempe stecken, seitlich zusammenkleben und die Zacken von unten an der Hutkrempe fixieren. Auf den Kürbisballon setzen.

Gruselwald

Material

- Luftballon
- Transparentpapier in Weiß
- Transparentpapier „Gruselwald"
- Klebesternchen
- angerührter Kleister (etwa ein Marmeladenglas voll)
- Borstenpinsel
- Zierrandschere
- evtl. Holzperlen
- Drahtbügel

1 Den Luftballon aufpusten und am Hals verknoten.

2 Das weiße Transparentpapier in 4 x 4 cm große Schnipsel reißen. Die Motive des bedruckten Transparentpapiers grob ausschneiden.

3 Die Schnipsel mit Kleister in mehreren Schichten auf den Ballon kleben. Eine etwa 3 cm breite Fläche rund um den Halsknoten bleibt frei. Zuletzt die Motive auf der Oberfläche verteilen und die Ränder nochmals mit Kleister überstreichen.

4 Den Ballon trocknen lassen und dann am Knoten einschneiden, damit die Luft entweichen kann. Ballonreste entfernen und die Öffnung mit der Zierrandschere vergrößern.

5 Die Laterne mit Klebesternchen ausschmücken. Am Rand Löcher stanzen und den Drahtbügel anbringen.

Fledermaus

Abbildung & Materialangaben Seite 10

1 Die Fledermaus zweimal nach der Vorlage ausschneiden.

2 Die Ausschnitte spiegelbildlich mit Transparentpapier hinterkleben und den Mund aufmalen.

3 Das Mittelteil (70 x 18 cm) anfertigen und zwischen beide Motivteile kleben.

4 Löcher stanzen und den Drahtbügel einhängen.

Fledermaus

Material

- Fotokarton in Schwarz
- Grusel-Transparentpapier „Augen“, „Fledermaus“
- Gelstift in Weiß
- evtl. Holzperlen
- Drahtbügel

Anleitung Seite 8

Vorlage B

Wichtel

Material

- Sternchen-Karton in Blau
- Regenbogen-Transparentpapier
- Konturenfarbe (Window Color) in Schwarz
- Window-Pen in Strohgelb, Dunkelrot, Orientblau, Apfelgrün, Hautfarbe
- Prospekthülle
- Zahnstocher
- Drahtbügel

Vorlage C

1 Seitenwände und Boden der Laterne vom Vorlagebogen auf Fotokarton übertragen und ausschneiden.

2 Die Ausschnitte mit Regenbogen-Transparentpapier hinterkleben und dann die Laterne zusammenbauen.

3 Für die Ausarbeitung der Wichtel die Prospekthülle auf die Vorlage legen. Die Umrisse mit Konturenfarbe nachmalen und trocknen lassen.

4 Die Figuren mit Window Color ausgestalten: Die Farben direkt aus dem Pen satt auftragen und mit Hilfe eines Zahnstochers bis an die Konturen bringen. Trocknen lassen.

5 Die Motive von der Folie abziehen und auf den Ausschnitten der Laterne anbringen, punktuell mit Klebstoff fixieren.

6 Einen Aufhängesteg aus Fotokarton (s. S. 5) und den Laternenbügel anbringen.

Dino

Material

- Fotokarton in Rot
- Strohseide in Gelb
- Serviette mit Dinomotiv, z. B. von Herlitz Dekor „Leopold"
- Serviettenkleber
- Pinsel für Serviettentechnik
- Drahtbügel

Vorlage D

1 Die Laternenform nach der Vorlage aus Fotokarton ausschneiden. Die ausgeschnittenen Innenformen als Schablone verwenden und ihre Umrisse mit Bleistift leicht auf Strohseide übertragen. Mit 1 cm Randzugabe ausschneiden.

2 Die oberste Lage der Serviette ablösen. Die Konturen der Motive nachschneiden, auf die Strohseide legen, ausrichten und mit Serviettenkleber von der Mitte ausgehend festkleben (das linke Ohr des Dinos nicht fixieren).

3 Die Laternenausschnitte hinterkleben. Ohr und Schmetterling auf dem Rahmen festkleben.

4 Die Laterne zusammenbauen. Aufhängesteg anfertigen (s. S. 5) und Drahtbügel anbringen.

Fisch

Abbildung & Materialangaben Seite 18

1 Den Fisch zweimal auf die glatte Seite der Wellpappe übertragen, einmal davon spiegelverkehrt. Schuppen aus Regenbogen-Transparentpapier reißen.

2 Ausschnitte mit gelbem Transparentpapier hinterkleben. Die Schuppen dachziegelartig von hinten nach vorn anbringen. Augen und Schwanzflossen fixieren.

3 Mittelteil (45 x 18 cm) einsetzen und den Bügel befestigen.

Gespenster

Material

Kastenlaterne

- Stecklaternen-Zuschnitt aus 3D-Wellpappe in Rot
- 4 Laternenfolien in Opal, ca. 17 x 12 cm
- Plakatfarbe in Rot, Gelb, Grün
- Flaschenkorken
- Pinsel
- Filzstift in Schwarz
- Drahtbügel

Runde Stablaterne

- Runde Käseschachtel mit Deckel und Boden, 15 cm ∅
- Streifen-Transparentpapier in Gelb
- Regenbogen-Transparentpapier
- Motivlocher „Stern“, groß
- Filzstift in Schwarz
- Dünner Karton für die Schablone
- Rundstab
- Nagel
- Hammer

Vorlage E

Kastenlaterne

1 Folie auf die Vorlage legen und mit Klebefilm fixieren.

2 Mit dem Cutter jeweils eine quadratische Stempelfläche aus den Flaschenkorken schneiden. Die Stempelflächen mit Farbe bestreichen und die Form des Gespenstes drucken. Den Hintergrund gelb bedrucken. Trocknen lassen.

3 Das Gesicht mit Filzstift aufmalen.

4 Die Folien hinter die Ausschnitte der Laterne kleben. Die Gespenster eventuell mit Sternenbändern ausschmücken.

5 Den Laternenbügel anbringen.

Runde Stablaterne

1 Den Laternenboden mit einem Nagel auf dem Rundstab befestigen.

2 Kartonschablone des Gespensts herstellen, mehrmals auf Regenbogen-Transparentpapier übertragen und ausschneiden. Augen und Mund aufmalen. Sterne ausstanzen.

3 Gespenster und Sterne auf gelbem Transparentpapier (22 x 50 cm) fixieren. Diesen Motivstreifen um Laternenboden und -deckel kleben.

Fisch

Material

- Regenbogen-Wellpappe
- Regenbogen-Transparentpapier
- Transparentpapier in Gelb
- Hologrammfolie
- Wackelaugen, 18 mm ∅
- Drahtbügel

Anleitung Seite 14

Vorlage F

Vogel

Material

- Fotokarton in Rot, Gelb
- Streifen-Transparentpapier in Gelb
- Tieraugen, 8 mm Ø
- Bast in Hellgelb, Hellgrün
- Chenilledraht in Rot, ca. 25 cm
- Strickschlauch in Weiß-Blau gestreift, 1,5 cm breit, 14 cm lang
- Kleine Kombizange
- Holzperlen in Blau, 8 mm Ø
- Drahtbügel

Vorlage G

1 Alle Teile nach den Vorlagen aus Fotokarton ausschneiden und die Ausschnitte mit Transparentpapier hinterkleben.

2 Das Mittelteil (48 x 18 cm) anfertigen und zwischen die Motivseiten kleben. Flügel befestigen.

3 Für die Beine den Chenilledraht in zwei Stücke schneiden. Strickschlauch als Strümpfe darüber ziehen. Mit der Schere Löcher in die Laterne stechen, die Beine einstecken und festkleben. Füße anbringen.

4 Bei den Teddyaugen jeweils den Stift an der Rückseite mit der Zange abzwicken. Den Kopf des Vogels mit Augen, Schnabel und Bast gestalten.

5 Den Drahtbügel befestigen.

Flugzeug

Abbildung & Materialangaben Seite 22

1 Das Flugzeug zweimal, einmal davon spiegelverkehrt, auf die glatte Seite der Wellpappe übertragen und ausschneiden. Die übrigen Motivteile aus Fotokarton anfertigen.

2 Die Ausschnitte mit Transparentpapier hinterkleben und das Mittelteil (70 x 18 cm) zwischen die Motivseiten kleben.

3 Kinder, Heck, Seitenruder und Zahlen anbringen. Löcher stanzen und den Drahtbügel einhängen.

Flugzeug

Material

- Sternen-Wellpappe in Rot
- Sternen-Transparentpapier in Rot
- Fotokarton in Rot, Dunkelblau, Gelb, Hellgrün, Hautfarbe
- Moosgummizahlen in Gelb
- Filzstift in Schwarz
- Drahtbügel

Anleitung Seite 20

Vorlage H

57

Igel

Material

- Fotokarton in Maisgelb, Dunkelrot, Dunkelgrün, Schwarz
- Streifen-Transparentpapier in Orange
- Transparentpapier in Rot, Gelb
- Motivlocher „Stern", groß
- Zierrandschere
- Wackelaugen, 10 mm ⌀
- Drahtbügel

Vorlage I

1 Alle Teile nach den Vorlagen ausschneiden. Die Motivseiten der Laterne mit der Zierrandschere nacharbeiten. Sterne ausstanzen.

2 Den Igel mit gelbem, die Sterne mit rotem Transparentpapier hinterkleben.

3 Spitze Dreiecke aus Streifen-Transparentpapier als Stacheln aufkleben (hinten beginnen). Nase und Auge anbringen.

4 Das Mittelteil (44 x 18 cm) zwischen die Motivseiten kleben.

5 Wiese und Äpfel aufkleben. Drahtbügel anbringen.

Tiger

Abbildung & Materialangaben Seite 26

1 Den Tiger aus Tierfellkarton ausschneiden. Die Innenausschnitte so mit dem Cutter ausführen, dass das schwarze Fellmuster erhalten bleibt. Mit Transparentpapier hinterkleben.

2 Das Mittelteil (50 x 18 cm) einkleben.

3 Kopf, Schwanz und Drahtbügel anbringen.

Tiger

Material

- Tierfellkarton „Tiger“
- Fotokarton in Beige
- Transparentpapier in Gelb
- Wackelaugen, 14 mm Ø
- Teddynase, 20 mm Ø
- Besenhaare
- evtl. Holzperlen in Orange
- Filzstift in Schwarz
- Drahtbügel

Anleitung Seite 24

Vorlage J

Material

- Sternen-Karton in Rot, Blau
- Fotokarton in Beige, Hellbraun, Schwarz
- Sternen-Transparentpapier in Weiß
- Pompons in Gelb, 15 mm ∅
- Wackelaugen, 18 mm ∅
- Filzstift in Schwarz
- Drahtbügel

Vorlage K

Teddybär

1 Teddy und Wolke zweimal, einmal davon spiegelverkehrt, auf Bastelkarton übertragen und ausschneiden.

2 Die Ausschnitte mit Transparentpapier hinterkleben.

3 Den Teddy hinter die Wolke kleben und ausgestalten.

4 Das Mittelteil (60 x 18 cm) zwischen die Motivseiten kleben.

5 Den Drahtbügel anbringen.

Martinsgans

Abbildung & Materialangaben Seite 30

1 Alle Teile ausschneiden.

2 Die Ausschnitte mit Transparentpapier hinterkleben.

3 Das Mittelteil (41 x 18 cm) anfertigen und zwischen beide Motivseiten kleben.

4 Die Klebestege des Halses abwechselnd nach rechts und links falten, am Mittelteil festkleben. Füße anbringen.

5 Die Hose der Maus einschneiden, von beiden Seiten an den Hals der Gans kleben, dabei die Füße mit einlegen. Die Maus ausgestalten.

6 Den Drahtbügel befestigen.

Martinsgans

Material

- Fotokarton in Weiß, Orange, Grau, Grün
- Karo-Karton
- Primavera-Transparentpapier in Gelb
- Plastikhalbperlen, 4 mm ∅ in Schwarz
- Filzstift in Schwarz
- Buntstift in Rot
- Wackelaugen, 10 mm ∅
- Schmuckband, 5 mm breit, 25 cm lang
- Drahtbügel

Anleitung Seite 28

Vorlage L

Impressum

Printed in Germany
ISBN 3-419-56458-9

Lektorat und Produktion:
Elke Fox, Freiburg

Styling und Fotos:
Christoph Schmotz, Freiburg

Covergestaltung und Layoutentwurf:
Network!, München

Coverrealisierung:
smp, Freiburg

Druck:
Freiburger Graphische Betriebe

Wir sind für Sie da, wenn Sie Fragen haben. Und wir interessieren uns für Ihre eigenen Ideen und Anregungen. Schreiben Sie uns, wir hören gerne von Ihnen!

Ihr Christophorus-Verlag

Christophorus-Verlag GmbH
Hermann-Herder-Str. 4
79104 Freiburg
Tel.: 0761/ 27 17-0
Fax: 0761/ 27 17-3 52
oder e-mail:
info@christophorus-verlag.de

Aus der Brunnen-Reihe

3-419-56319-1

3-419-56226-8

3-419-56263-2

3-419-56155-5

3-419-56264-0